Reinhard Ellsel

Ein Leben aus Barmherzigkeit

Reinhard Ellsel

Ein Leben aus Barmherzigkeit

Friedrich von Bodelschwingh (1831–1910)

Mit einem Geleitwort von
Pastor Friedrich Schophaus
Vorstandsvorsitzender und Anstaltsleiter
der v. Bodelschwinghschen Anstalten Bethel

johannis · Missionsverlag Bielefeld

Lektorat und Redaktion: Dr. Ulrich Parlow

Bibliografische Information Der Deutschen Bibliothek
Die Deutsche Bibliothek verzeichnet diese Publikation in der Deutschen Nationalbibliografie; detaillierte bibliografische Daten sind im Internet über http://dnb.ddb.de abrufbar.

ISBN 3-501-01477-5 (johannis)
ISBN 3-501-929602-71-7 (Missionsverlag Bielefeld)
TELOS-Taschenbuch 77 857

Umschlaggestaltung: Friedbert Baumann
Umschlagbilder: Hintergrund: Promo Graph/HUBER; Vignette: Ausschnitt aus einem Gemälde von A. Müller, 1916 (v. Bodelschwinghsche Anstalten, Bethel bei Bielefeld)
Gesamtherstellung: St.-Johannis-Druckerei, Lahr/Schwarzwald
Printed in Germany 15402/2003

www.johannis-verlag.de

Allen Menschen,
die in einer Krise stecken

Geleitwort

Bei der Frage nach dem Gründer der v. Bodelschwinghschen Anstalten Bethel kommen viele in Verlegenheit: Gegründet wurde die »Heil- und Pflegeanstalt für Epileptische bei Bielefeld« durch Bielefelder Kaufleute und zum ersten Anstaltsvorsteher wurde im Jahr 1867 Pastor Friedrich Simon berufen.

Mit der Berufung (1871) Friedrich von Bodelschwinghs zum Vorsteher der »Anstalt für Epileptische« begann die einzigartige Entwicklung der v. Bodelschwinghschen Anstalten Bethel.

Friedrich von Bodelschwingh, 1831 im Haus Marck geboren, wurde zur prägenden Figur der Diakonie in Deutschland und darüber hinaus.

Aus dem kleinen Haus für »epileptische Zöglinge« wurde unter seiner Leitung mit großem unternehmerischen Geschick eine Ortschaft mit Krankenhaus und vielen Pflegehäusern. Um den Menschen sinnvolle Arbeit anbieten zu können und sie mit dem Lebensnotwendigen selbst zu versorgen, entstanden Handwerks- und landwirtschaftliche Betriebe. Geprägt wurde die Arbeit durch die Person Vater Bodelschwinghs, der sich als »fröhlichen Handlanger Gottes« betrachtete und dessen tiefe Frömmigkeit den Geist Bethels bis heute bestimmt.

Mit der Vision »Bethel – Gemeinschaft verwirklichen« haben die v. Bodelschwinghschen Anstalten Bethel im Jahre 2001 diesen Ausgangspunkt neu formuliert und sich vergewissert, dass die heutige Arbeit auf dieser Grundlage geschieht. »Unsere Vision ist das selbstverständliche Zusammenleben, das gemeinsame Lernen und Arbeiten aller Menschen in ihrer Verschiedenheit« und »gründet im christlichen Glauben und beruht auf der Achtung der unveräußerlichen Würde jedes einzelnen Menschen als Geschöpf Gottes.«

Es ist höchst erfreulich, dass die Person Friedrich von Bodelschwinghs und sein Lebenswerk immer wieder Menschen begeistern, wie es mit dem vorliegenden Buch geschieht. Mögen sich viele Leserinnen und Leser für diese Geschichte Vater Bodelschwinghs finden, der als Gesegneter Gottes so vielen Menschen zum Segen geworden ist. Sein Leben und Werk sind auch heute für viele Menschen Wegweisung.

Pastor Friedrich Schophaus
Vorstandsvorsitzender und Anstaltsleiter der
v. Bodelschwinghschen Anstalten Bethel

Inhalt

Ein Leben aus Barmherzigkeit

Friedrich von Bodelschwingh (1831–1910)

In einem Seitental des Teutoburger Waldes am Rand von Bielefeld tritt im Januar 1872 ein vierzigjähriger Pastor seinen neuen Dienst als Anstaltsvorsteher an: Friedrich von Bodelschwingh. Noch kann keiner ahnen, welch bedeutsamer Schritt dies für die weltweite Diakonie werden wird. Zwar haben die »Anstalt für Epileptische« und die »Westfälische Diakonissenanstalt« ihre eigentliche Gründungsphase schon hinter sich. Aber Friedrich von Bodelschwingh macht Bethel zu dem, was noch heute alle Welt mit diesem Namen verbindet – »die Stadt der Barmherzigkeit«. Deshalb gilt er mit Recht als der »Vater von Bethel«.

Ein Hiobserlebnis

Erst drei Jahre war es her, dass der evangelische Pfarrer in Dellwig und seine Frau Ida ein regelrechtes Hiobserlebnis hinter sich hatten. Innerhalb von zwei Wochen starben die vier kleinen Kinder der Bodelschwinghs an einer »Stickhusten-Epidemie«, wie man damals den Keuchhusten nannte.

Am Sonntagabend, dem 24. Januar 1869, war nur noch der fünfjährige Sohn Ernst am Leben. Die Eltern rechneten mit dem Schlimmsten. »Seine viel tausend Seufzer«, schrieb Bodelschwingh bedrückt an seine Mutter, »haben uns schon zehnmal mehr am Herzen verwundet als der sanfte, stille Heimgang, schmerzlos und kampflos, der drei anderen. Dem Herrn ist es möglich, dies letzte Kind uns zu lassen, wenn es ihm, wenn es uns gut ist. Dein schwer geprüfter Friedrich.«

Bodelschwingh wachte an Ernsts Bett. Seine Hände zitterten, sein Gesicht war grau. Er war kaum zur Besinnung gekommen in diesen zwölf Tagen. Er hatte gewacht, gepflegt, gebetet. Er hatte erschüttert Freunde empfangen, die ihm und seiner Frau Trost zusprachen. Friedrich und Elisabeth hatte er schon begraben. Karl, der Jüngstgeborene, lag für immer stumm in seinem kleinen Sarg nebenan. Und jetzt starb auch Ernst. Der Vater sah es. Der Blick der hellen Jungenaugen verschleierte sich. Es war elf Uhr nachts am 25. Januar.

Das Pfarrhaus war ausgestorben im wahrsten Sinne des Wortes. Mit einer Unerbittlichkeit ohnegleichen war das Familienglück der Bodelschwinghs zerstört worden. Warum? Was wollte Gott ihnen damit sagen? In einem Brief an seinen Schwiegervater schrieb Bodelschwingh von der Erschütterung seines Herzens:

»Oh mein treuer Vater, wie ernst hat der Herr in diesen bangen drei Leidenswochen mit uns geredet; wie viel unerkannte Sünden uns offenbart, wie vieles uns gezeigt, was wir abzulegen haben, sowohl in unserm ganzen Wandel als besonders in unserm lieben Ehestande. Wir haben uns gewiss zu fest an unsere so liebliche Kinderschar angeklammert, zu sehr in ihnen unser Glück und die Befriedigung unserer Seelen gesucht, zu sehr auf Erden Hütten gebaut. Wir können erkennen, dass wir nun genötigt sind, unsern ganzen Trost und unsere ganze Freude in der Gemeinschaft dessen zu suchen, der unser und unserer Kindlein Heiland und Seligmacher ist; wir können erkennen, dass wir nun in der Kraft des Heiligen Geistes vieles, vieles abzulegen haben, was mit der lebendigen Hoffnung des ewigen Lebens und mit jenem Reiche, das wir gern erwerben möchten, nicht stimmt. Oh wenn unserer lieben Kindlein Heimgang dieses in unsern armen irdisch gesinnten Herzen ausrichtet, dann ist ja diese Heimsuchung eine reiche Gnadenheimsuchung und die liebe kleine Schar ist auch für uns nicht umsonst so früh gestorben.«

Das Haar seiner Frau wurde weiß, dann begann es auszufallen und sie musste eine Haube tragen. Noch nach einem Jahr zitterte beim Schreiben ihre Hand. Bodelschwingh machte für sich und seine Frau eine Bank an den vier Gräbern, um darüber nachzusinnen, was Gott ihnen durch solches Leid sagen wolle. »Damals merkte ich erst«, so sagt er später, »wie hart Gott gegen Menschen sein kann, und darüber bin ich barmherzig geworden gegen andere.« Die Eltern waren in ihren Grundfesten erschüttert, aber sie zerbrachen nicht an ihrem Leid. Später sollten sie vier weitere Kinder bekommen.

Erfahrungen im Krieg

Bodelschwingh war ein überzeugter Anhänger der Monarchie und stellte sich hinter Bismarck. Er tat dies auch, als 1870 der Krieg zwischen Deutschland und Frankreich ausbrach. Aber die Wutausbrüche und Hasstiraden gegen Frankreich in den deutschen Zeitungen erschreckten ihn. Und so schrieb er mahnend dagegen: »Frankreichs Schuld und Sünde hebt Deutschlands Schuld und Sünde nicht auf. Man pocht auf Frankreichs Sünden, nun, denn breche man auch mit diesen Sünden, man zerbreche das Joch des Mammondienstes und Fleischesdienstes, welches uns in schwerere Fesseln schlägt, als Frankreichs eiserne Bataillone es je vermögen.« Trotzdem war es für ihn eine selbstverständliche Pflicht, dass er als Feldprediger an diesem Krieg teilnahm, wie er es schon 1866 im Krieg gegen Österreich getan hatte.

Er war rastlos tätig, hielt Gottesdienste vor den Schlachten und nach den Schlachten, half Lazarette einrichten, besorgte Betten für die Schwerverwundeten, schrieb erste Grüße an ihre Angehörigen, sammelte Verwundete auf dem Schlachtfeld und trug sie auf seinen Armen ins Lazarett, betete mit Sterbenden. Er betreute und versorgte in gleicher Weise Freund und Feind.

Die Siege der deutschen Armeen und schließlich der Gesamtsieg über Frankreich versetzten

Deutschland in einen Freudentaumel. Die Heimat hatte sich für den heimgekehrten Pfarrer verändert – zum Schlechteren. In einem Vortrag beklagte er die neue Überheblichkeit und Prunksucht seiner Landsleute:

»Wie war es schön an den Altären des Herrn dort im fremden Lande, wie war man gewohnt, so oft wir in eine Kirche traten, dass sich das letzte Plätzchen füllte, Helm an Helm, bis auf die Stufen des Altars, und dass dann noch eine Anzahl Lauschender vor der Kirchentür stehen blieb. Das finde ich in der Heimat nicht so. Leere Kirchen, volle Wirtshäuser.«

Auch diese ernüchternden Kriegs- und Nachkriegserfahrungen prägten ihn für seine spätere Friedensarbeit in Bethel.

Der fröhliche Handlanger Gottes

Friedrich von Bodelschwingh war ein weit vorausschauender Planer, ein glänzender Organisator und ein genialer Bettler. Aber das allein beschreibt nicht das Geheimnis, auf dem sein Werk in Bethel aufbaute. Dazu gehörte neben dem Gebet sein kindliches Vertrauen auf Gott und dessen Führungen.

»Ich betrachte mich als fröhlichen Handlanger Gottes«, hat er einmal gesagt, »und greife zu, wo mir Gott eine Not vor die Füße legt.« Seine große Menschenliebe und Güte prägten seine Seelsorge ebenso wie die Bauplanung oder die Zeitungsartikel, die er schrieb. Bodelschwingh konnte in großer Wärme und Spontaneität dem einzelnen Kranken oder Notleidenden begegnen. Auch in dem elendsten Menschen sah er den Bruder oder die Schwester.

Dabei wollte Bodelschwingh kein soziales Programm durchführen. Vielmehr wollte er auch kranken Menschen ihre Gottesebenbildlichkeit verkünden. Gesunde und Kranke sollten in Bethel wie in einer großen Familie gemeinsam leben und arbeiten. In der Nachfolge Jesu Christi sollte sich jeder Einzelne auf das große Ziel vorbereiten, »das in die Ewigkeit reicht«.

Neben psychisch und epileptisch Kranken galt sein Engagement vor allem den »Brüdern von der Landstraße«, den Wanderarmen, für die er sich sogar als Abgeordneter im Preußischen Landtag einsetzte. 1907, drei Jahre vor seinem Tod, ratifizierte der Landtag das »Wanderarbeitsstättengesetz«, zu dem Bodelschwingh den Anstoß gegeben hatte.

Überdies gehörten nach seiner Glaubenseinsicht die Äußere Mission in fernen Ländern und die Innere Mission, die Diakonie im eigenen Land, zusammen. Deshalb hat er die Missionsarbeit ganz in sein Werk hineingezogen und dafür gesorgt, dass im heutigen Tansania in Lutindi ein immer noch blühendes »kleines Bethel« aufgebaut wurde.

Mit seinem Lebenswerk hat Bodelschwingh versucht, auf die vielen sozialen Herausforderungen zu reagieren, die ihm in den 79 Jahren seines Lebens begegneten. Wie kaum ein anderer verkörperte er im 19. Jahrhundert das soziale Gewissen des Protestantismus. Sein umfangreiches Lebenswerk ist der praktische Ausdruck seines geistlichen Lebensmottos, das er einem Ausspruch des Apostels Paulus nachempfunden hat (2. Korinther 4,1): »Nachdem uns Barmherzigkeit widerfahren ist, werden wir nicht müde.« Diese Worte stehen auch auf seinem Grabstein.

Kinder- und Jugendzeit

An einem Sonntag, dem 6. März 1831, wird Friedrich von Bodelschwingh auf Haus Mark in Tecklenburg geboren. Sein Vater ist der Landrat Ernst von Bodelschwingh, seine Mutter Charlotte ist eine geborene von Diest.

Wenige Stunden vor der Geburt ihres sechsten Kindes liest die Mutter in einem Buch des schwäbischen Erweckungspredigers Ludwig Hofacker. Dort stößt sie auf einen Satz, den sie als Verheißung für das Kind in ihrem Leib versteht: »Sein in dieser Welt, wie Jesus in der Welt war, heißt mit anderen Worten, ein Mensch sein, in dem das Bild Christi widerstrahlt ...«

Kurz nach der Taufe von Friedrich am 8. April 1831 wird der Vater als Oberpräsidialrat zur Bezirksregierung nach Köln versetzt. Bereits drei Jahre später zieht die Familie erneut um. In Koblenz wird Ernst von Bodelschwingh zum Oberpräsidenten der Rheinprovinz ernannt. Für die Bodelschwingh-Kinder ist Koblenz ein kleines »Paradies«: das weitläufige Haus mit großem Obstgarten und der romantische Rhein, in dem man schwimmen kann.

Daneben prägen sich dem kleinen Friedrich der frühe Tod von drei Brüdern und die gefährdete Gesundheit seines Vaters ein. Als junger Jägerleutnant hat der Vater einen lebensgefährlichen Lungendurchschuss erhalten. Dies macht ihn zeitlebens anfällig für Lungenentzündungen. Bodelschwingh erinnert sich später, dass die Kugel, die die Brust des Vaters durchbohrt hat, für die Kinder so etwas wie ein »Denkmal der Barmherzigkeit Gottes« gewesen sei: »Die Kugel hat den Auftrag erhalten, uns Kinder und das ganze Haus beten zu lehren. Achtmal hat Gott uns auf das heiße Flehen der Mutter und der Kinder den Vater erhalten. Diese Erfahrung, was gläubiges Gebet vermag, hat uns begleitet durch unser Leben.«

Friedrich ist neun Jahre alt, als sein Vater von König Friedrich Wilhelm IV. nach Berlin in das Amt des preußischen Finanzministers berufen wird. Obwohl Ernst von Bodelschwingh zum wichtigsten Minister des Königs aufsteigt, führt er ein außerordentlich zurückgezogenes Leben. Bälle, Empfänge und der höfische Glanz liegen ihm nicht. Vielmehr unterstützt er nach Kräften die entstehenden diakonischen Einrichtungen, wie das Berliner Diakonissenmutterhaus Bethanien.

Im Haus des Ministers ist auch Johann Heinrich Wichern vom »Rauhen Haus« in Hamburg ein willkommener Gast. Wichern, der Begründer der »Inneren Mission«, sieht in der Diakonie »das Bekenntnis des Glaubens durch die Tat der rettenden Liebe«. Durch diese Beziehungen des Vaters wird Friedrich schon früh sensibilisiert für die Not und das Leiden anderer Bevölkerungsschichten.

Eine besondere Erweiterung erfährt sein Blickfeld dadurch, dass er zum Spielgefährten des gleichaltrigen Prinzen Friedrich Wilhelm ausersehen ist, des späteren »99-Tage-Kaisers« Friedrich III. Aus dieser Spielgemeinschaft entwickelt sich eine lebenslange Freundschaft. 1883 wirkt der Kronprinz bei der Grundsteinlegung der Betheler Zionskirche mit, wofür Friedrich von Bodelschwingh sich mit einem originellen Brief bedankt (abgedruckt im Anhang). Später findet er bei der kaiserlichen Familie immer ein offenes Ohr und finanzielle Unterstützung für seine diakonischen Anliegen.

Infolge der März-Revolution 1848 und des wankelmütigen Verhaltens von Friedrich Wilhelm IV. bietet Ernst von Bodelschwingh seinen Rücktritt an. Die Bodelschwinghs ziehen sich nach Westfalen auf ihre Familienbesitzungen zurück.

Landwirtschaft und Theologie

Ein Jahr später macht der junge Friedrich von Bodelschwingh am Dortmunder Stadt-Gymnasium das Abitur. Er fasst den Entschluss, Landwirt zu werden. Dazu beginnt er eine gediegene Landwirtschaftslehre bei dem Gutsbesitzer Johann-Gottlieb Koppe im Oderbruch. Zwischendurch meldet er sich freiwillig beim Kaiser-Franz-Grenadier-Regiment in Berlin. Während seiner Militärzeit erkrankt er schwer und wird als »Halbinvalide« entlassen.

Im April 1852 fängt er als Verwalter auf Gut Gramenz in Pommern an. Inzwischen hat Bodelschwingh gelernt, große wirtschaftliche Zusammenhänge zu überblicken. Nun hat er bis zu zwölf Inspektoren unter seiner Leitung und geht eigenständig mit Pächtern und Tagelöhnern um. In treuer Kleinarbeit nimmt er sich der Familien an, die durch den Branntweingenuss verarmt sind. Dabei sieht er sehr scharf, dass die äußere Not der Familien verflochten ist mit einer inneren Verelendung.

Eines Tages betritt er die heruntergekommene Kate eines Landarbeiters. Auf der schmutzigen Lagerstatt liegt eine Frau, wachsbleich das Gesicht, die Augen starr. Sie ist tot. Sie muss schon vor mehreren Tagen gestorben sein. Im Herd ist kein Feuer, es ist Winter und bitterkalt. Plötzlich beginnt es, sich unter der Decke, einem Fetzen von Wolldecke, zu regen: Ein Kinderkopf, verdreckt und verwahrlost, kommt unter den Lumpen hervor. Danach erscheint ein zweiter. Die Kinder haben vor der klirrenden Kälte Schutz gesucht bei der toten Mutter. Bodelschwingh graust es. Er sucht auf dem Gutshof nach dem Mann und gibt ihm Geld für sich und die Kinder. Als er sich später nach dem Ergehen der Familie erkundigt, hat der Mann das Geld vertrunken. Der junge Verwalter muss erkennen, dass nur Hilfe zur Selbsthilfe sinnvoll ist. Vermutlich hat Bodelschwingh schon in Gramenz zu seinem Motto »Arbeit statt Almosen« gefunden.

Im Mai 1854 stirbt sein Vater. Seitdem liest Friedrich an stillen Sonntagnachmittagen intensiv in der Bibel, besonders im Neuen Testament. Eines Tages stößt er auf ein Traktat der Basler Schriftenmission mit dem Titel »Tschin, der arme Chinesenknabe«. Bodelschwingh bekennt später:

»Wo ich diese einfachen Worte las, war es plötzlich, als ob mir die Schuppen von den Augen fielen in Bezug auf meinen eigenen Lebensberuf. Ich hätte bis dahin niemals auch nur einen leisen Gedanken gehabt, auch hat es weder Vater noch Mutter noch irgendein anderer Mensch mir je von ferne nahe gelegt, dass ich Pastor werden möchte. In diesem Augenblick aber wurde es mir so vollständig gewiss, dass mir Gott diesen Beruf geschenkt habe, dass auch kein leisester Zweifel von der Stunde über mich kam, und ich konnte Gott mit Freudentränen dafür danken.«

Fest entschlossen, Missionar zu werden, beginnt der 23-Jährige im November 1854 sein Theologiestudium in Basel. Aber auf welche Art und Weise wird an den Universitäten Theologie getrieben? Er ist enttäuscht:

»Es wird so viel handwerksmäßige Künstelei mit der Heiligen Schrift getrieben, dass man die stille heilige Freude an ihr verliert – und dazu kommt der konfessionelle Hader, dessen geradezu erkältende Wirkung ich nun auch habe spüren müssen.«

Während seiner Semester in Erlangen und Berlin besucht er neben den theoretischen Vorlesungen aus eigenem Antrieb die führenden praktischen Theologen in Deutschland. Hier bekommt er wichtige Anstöße für sein späteres sozial-diakonisches Handeln. Er kommt unter anderem in Kontakt mit Wilhelm Löhe in Neuendettelsau, Johann Christoph Blumhardt in Bad Boll, Wichern in Hamburg und schließlich mit der Erweckungsbewegung in Minden-Ravensberg um Johann Heinrich Volkening.

Pastor in Paris

Verliebt in seine Cousine Ida von Bodelschwingh, kommt er von seinem Entschluss ab, nach Übersee in die Mission zu gehen. Da lernt er bei einem Besuch in Barmen Pastor Louis Meyer aus Paris kennen. Der schildert ihm sehr anschaulich die Not der Deutschen, insbesondere die Not der deutschen Kinder, in Paris und klagt: »Es fehlt eben ein Lehrer an der Gassenkehrer-Schule zu St. Marcel in Paris.«

Bodelschwingh fühlt sich gerufen. Nachdem er am 4. April 1858 in Münster sein Abschlussexamen der Theologie abgelegt hat, kommt er bereits am 24. April in Paris an. Für sechs Jahre wird er dort Pastor der Evangelischen Gemeinde Augsburger Konfession. Als sein Arbeitsfeld kristallisiert sich der Norden von Paris heraus. Auf einem Gebiet, das zu Fuß eine Länge von drei Stunden hat und eine Breite von einer halben Stunde, soll er die verstreuten Deutschen seelsorglich betreuen. Die meisten von ihnen sind aus Hessen stammende Straßenkehrer, Lumpensammler und Dienstmädchen.

In einer Mietskaserne findet er zwei Zimmer mit dürftigem Hausrat. Das größere Wohnzimmer richtet er als Schulsaal und Kapelle ein. Bodelschwingh beginnt mit großem Elan, seine Gemeinde zu sammeln. Dabei trifft er auf zwei Kinder eines Gassenkehrers. Sofort lädt er sie zu sich ein und erteilt ihnen Schulunterricht. Schließlich erzählt er ihnen von der Liebe Gottes zu allen Menschen.

»Es wird mir für mein ganzes Leben ein unvergesslicher Augenblick sein«, erinnert sich Bodelschwingh, »als ich zum ersten Mal die zwei kleinen Mädchen die Hände falten ließ und Gott um seinen Segen bat. Es war mir so feierlich zumut, als sollte ich vor einer großen Pfarrkirche vor Tausenden meine Antrittspredigt halten, da ich nun anhob, den beiden Kindern von dem Mann mit der Dornenkrone zu erzählen, der um unserer Sünde willen an das Kreuz erhöht ward. Der Eindruck meiner höchst ungeschickten kurzen Erzählung war namentlich bei dem kleineren der beiden Mädchen so mächtig, dass ich selbst dadurch innerlich ganz ergriffen wurde. Ich wusste nun wieder, was ich vom Kreuze Christi zu halten hatte, und konnte mit Freudigkeit davon predigen. Und von dieser Stunde an ist mir auch nie wieder ein Zweifel gekommen.«

Die beiden Mädchen bringen am nächsten Tag weitere Kinder mit. Es dauert nur wenige Wochen, da wird sein Wohnzimmer als Unterrichtsraum zu klein. Mit seinem Blick fürs Praktische entdeckt er auf einem Hügel in der Pariser Vorstadt La Villette einen geeigneten Bauplatz für ein Schulhaus, eine Kirche und ein Pfarrhaus. Bei seinen Fußmärschen durch die Gemeinde hat er seine Mittagsrast auf diesem Hügel gemacht und ist eingeschlafen.

Plötzlich wacht er auf. Es ist ihm, als habe ihm jemand zugerufen: »Dieser Hügel gehört dem Herrn.«

Zunächst baut er ein einfaches Schweizer Haus aus Holz, das allen drei Zwecken dient. Die finanziellen Mittel für diese Bauten bringt er auf durch Berichte in deutschen Kirchenblättern und Kollektenreisen vor allem nach Minden-Ravensberg. In Paris entdeckt er seine große Begabung, mit einfachen Worten Spender und Mitarbeiter für seine Arbeit zu gewinnen – was den späteren Bundespräsidenten Theodor Heuss veranlasst, Bodelschwingh den »genialsten Bettler aller Zeiten« zu nennen.

Am 18. April 1861 heiratet er seine Cousine Ida von Bodelschwingh. Schon bei der Hochzeitsreise ins Ravensberger Land deutet sich allerdings an, dass die junge Frau dem robusten Lebenswandel ihres Mannes kaum gewachsen ist. Bodelschwingh berichtet fröhlich:

»An diesem Abend aber ermüdete Idchen und blieb längere Zeit im Chausseegraben liegen, sodass ich mich am anderen Morgen genötigt sah, von Enger nach Jöllenbeck uns ein Wägelchen zu kaufen, damit wir rechtzeitig zum Gottesdienst da wären. Vater Volkening, der durch seine Mitteilungen im Ravensberger Monatsblatt der Hauptbegründer unserer Hügelgemeinde war, segnete uns förmlich ein zu unserer gemeinsamen Missionsarbeit in der großen Weltstadt. Dann ging es natürlich nach Schildesche und der alte Huchzermeier gab Ida das Trostwort mit: ›Sie kommen unter die Bären und Wölfe.‹«

Gut 33 Jahre werden sie miteinander verheiratet sein. Bei ihrer Beerdigung spricht Bodelschwingh nicht nur von der »tränenreichen Pilgerreise« seiner Frau. Sie habe ihm nie geschmeichelt, bekennt er, »aber die Wahrheit hat sie mir stets gesagt, auch wenn sie mir nicht angenehm war«. Und ihre Freundin Caroline von Zacha stellt im Rückblick fest: »Sie hat durch ihr Leiden Lieben gelernt. Kranke, Elende, Angefochtene konnte sie trösten mit dem Trost, mit welchem sie getröstet war. Gegenüber ihrem Mann war sie die stete Mahnerin, das Werk nicht in die Breite, sondern in die Tiefe wachsen zu lassen.«

Nach der Geburt ihres ersten Sohnes macht Ida von Bodelschwingh eine schwere Schwangerschaftspsychose durch. Der Arzt rät ihr dringend, die beengten Verhältnisse in Paris zu verlasen. Bodelschwingh ordnet die Eigentumsverhältnisse und die Finanzen von La Villette. Auch ein geeigneter Nachfolger für seine Arbeit kann gefunden werden.

Gemeindepfarrer in Dellwig

Am 1. Mai 1864 tritt er die zweite Pfarrstelle in der westfälischen Landgemeinde Dellwig an der Ruhr an. Während der gut sieben Jahre, die Bodelschwingh hier tätig ist, macht er unliebsame Bekanntschaft mit den harten Trink- und Feiertagssitten der Märker. Er trifft auf eine Gemeinde, in der keinerlei geistliche Erneuerung stattfindet, und er klagt einmal, er habe in Dellwig nicht eine Bekehrung erlebt.

Schon in Paris hat Bodelschwingh Erfahrungen als missionarischer Publizist gesammelt. In Dellwig wird er nun zum Zeitungsmacher und auch zum politischen Publizisten, obwohl er sich selbst als einen völlig unpolitischen Menschen versteht. Er wird Mitherausgeber des Wochenblatts »Westfälischer Hausfreund«, das ab Januar 1865 erscheint. Bodelschwingh schreibt regelmäßig Artikel, in denen er sich mit Fragen des kirchlichen Lebens und des Glaubens auseinander setzt. Hier findet er auch eine Plattform für seinen Kampf gegen den Branntwein. Politisch gesehen ist der »Westfälische Hausfreund« absolut konservativ, aber in sozial-diakonischen Belangen seiner Zeit weit voraus. Die Behandlung der Arbeiterfrage wird zu einem Dauerthema, zumal Bodelschwingh in ihr geradezu eine »Schicksalsfrage« sieht, an der auch die Kirche nicht vorübergehen könne.

Zwei ehrenvolle Berufungen erreichen ihn: auf eine Inspektorenstelle der Gossner-Mission und als Vorsteher des Zentraldiakonissenhauses Bethanien in Berlin. Aber Bodelschwingh kann sich trotz oder vielleicht auch wegen des Todes seiner vier Kinder nicht dazu entschließen, Westfalen zu verlassen.

Schon 1862 hat er in Paris eine ehrenvolle Berufung und Auszeichnung ausgeschlagen. Bismarck, in jenen Jahren Gesandter in Paris, hat ihm die Berufung zum Gesandtschaftsgeistlichen in Konstantinopel übermittelt. Aber Bodelschwingh, Spross aus altem westfälischen Adel, will damals lieber Gassenkehrerpastor bleiben. Bismarck gefällt diese Entscheidung. Er sagt: »Jeder Mann muss immer den Weg gehen, der ihm nach Fleisch und Blut der wenigst angenehme ist. So habe ich es auch immer gehalten.«

Vierzig Jahre ist Bodelschwingh inzwischen alt. Durch viele Erlebnisse und zuletzt auch durch tiefes Leid ist er herangereift zu einer außerordentlich eigenständigen Persönlichkeit, häufig »den Impulsen seines frommen Gefühls zu rasch Folge leistend«, wie es in Vorgesetztenkreisen von ihm heißt.

Da erreicht den Dellwiger Pfarrer im Herbst 1871 ein viel unbedeutenderer Ruf nach Bielefeld – und zwar an die Anstalt für epileptisch Kranke und an die kleine Diakonissenanstalt, die gerade aufgebaut wird, mit zehn Diakonissen und 17 Probeschwestern. Die Anstalt für Epileptiker ist bereits 1867 von Bielefelder evangelischen Kaufleuten in Zusammenarbeit mit Pfarrern der Minden-Ravensberger Erweckungsbewegung gegründet worden. Sie hat 25 »Pfleglinge«. Nach kurzer Bedenkzeit schreibt Bodelschwingh an das Vorstandsmitglied Gottfried Bansi, dem Bodelschwinghs Name »im Traum erschienen« war:

»Verehrter Freund! Nehmen Sie denn in Gottes Namen mein ›Jawort‹ an auf den gestern an mich ergangenen doppelten Ruf. Er, der barmherzige Gott, des die Sache ist, gebe sein Ja und Amen dazu. Ich bin bei dem Gefühl meiner großen Schwachheit doch getrost. Ich weiß gewiss, dass ich nicht meine eigenen Wege gehe.«

38 Jahre wird Friedrich von Bodelschwingh die Arbeit in Bethel prägen, von seinem Amtsantritt im Januar 1872 bis zu seinem Tod am 2. April 1910. Die Arbeit entwickelt sich in den ersten Jahren explosionsartig. Bereits vierzehn Tage nach seinem Amtsantritt setzt er am 5. Februar 1872 einen wegweisenden Vorstandsbeschluss der Diakonissenanstalt durch. Sie wird räumlich mit der Anstalt für Epilepsiekranke vereinigt. Dieser Beschluss ist die Grundlage, auf der die »Stadt der Barmherzigkeit« entstehen kann.

Das alles vollzieht sich noch vor Bodelschwinghs Amtseinführung am 25. Februar in der Neustädter Marienkirche. Er predigt dabei über den Psalmvers: »Das Los ist mir gefallen aufs Liebliche, mir ist ein schönes Erbteil geworden« (Psalm 16,6). Bodelschwingh will sein »Erbteil« nicht als Herrscher verwalten, sondern Vorbild sein. Das bedeutet harte und beharrliche Arbeit. Mit seiner ungestümen Dynamik geht der Vierzigjährige sie zielsicher an.

1873 wird der erste Neubau eingeweiht: »Haus Bethel«. Bodelschwingh sorgt dafür, dass nach diesem Pflegehaus für Anfallskranke bald die gesamte Anstalt benannt wird: »Bethel« – ein Name, der zum Begriff für die Diakonie in der ganzen Welt wird.

1875 wird das neue Diakonissenmutterhaus bezogen: »Sarepta«. 1877 wird die Diakonen-Brüderschaft »Zoar« gegründet, die später den Namen »Nazareth« erhält. In rascher Folge entstehen die Pflegehäuser »Bethlehem«, »Karmel«, »Bethabara« und »Siloah«. Bodelschwingh verwendet gerne biblische Orts- und Landschaftsnamen bei der Benennung der Häuser. Damit wird ausgedrückt, dass die Betheler Gemeinde aus Kranken und Elenden, Diakonissen und Diakonen, Ärzten und Pastoren eingebettet ist in die Heilsgeschichte, die Gott mit seinem erwählten Volk Israel schreibt.

Schon in den ersten Jahren entstehen zahlreiche Handwerksbetriebe wie Bäckerei und Schneiderei. Hier finden auch die Kranken einen geschützten Arbeitsplatz. Unter fachkundiger Anleitung werden sie nach ihren Fähigkeiten gefördert und können gleichzeitig durch die eigene Arbeitsleistung ihr Selbstbewusstsein stärken.

Bodelschwingh – so schreibt sein Sohn Gustav – jammert »wohl das Los der Epileptischen«, aber er bejammert sie nicht. Seine Arbeit und sein Umgang mit Kranken sind zutiefst durchdrungen von der christlichen Hoffnung. Nach einem Wort des Apostels Paulus sind für Bodelschwingh »die Leiden dieser Zeit nicht wert der Herrlichkeit, die an uns offenbart werden soll« (Römer 8,18). Er denkt nicht nur von Gottes Ewigkeit her; für ihn ist das irdische Leben der Weg auf die Ewigkeit zu und

Bethel eben ein Ort, an dem man sich darauf vorbereitet. Darum gilt für Bodelschwingh: »Das Wort ›unheilbar‹ steht im Wörterbuch eines Christen nicht mehr. Wer danken gelernt hat, ist gesund geworden, auch wenn er sein ganzes Leben in der Zelle zubringen muss.« So wird für ihn – gesehen im Licht der Ewigkeit – »Patmos«, das Haus, in dem die kränksten der epileptischen Kinder leben, zu einer »Hochschule für die Liebe der Diakonissen«.

Die Hoffnung für jeden Menschen prägt auch Bodelschwinghs Pädagogik, die für ihn genauso wichtig ist wie die medizinische Betreuung der Kranken. Es ist eine Pädagogik des Evangeliums, der Frohen Botschaft, und nicht des Gesetzes. »Zwang richtet Zorn an«, stellt Bodelschwingh fest, »aber Freiwilligkeit macht fröhliche Leute.«

Immer versucht er, nach dem Ausspruch zu handeln, der ihm selbst zugeschrieben wird: »Es geht kein Mensch über die Erde, den Gott nicht liebt.« Ein Beispiel unter vielen für Bodelschwinghs Haltung gegenüber den Kranken und Belasteten ist sein Antwortbrief an einen ehemaligen Bewohner von Bethel (abgedruckt im Anhang).

Der Mensch hinter dem Werk

Friedrich von Bodelschwingh kennt für seine eigene Arbeitsleistung kein Maß und es fällt ihm auch schwer zu akzeptieren, wenn andere auf die Grenzen ihrer Belastbarkeit hinweisen. Besonders der Verwaltungsrat der Anstalt, der Bethelvorstand, wird von Bodelschwingh häufig auf eine harte Geduldsprobe gestellt. Oft erfahren seine Mitglieder erst aus der Zeitung, welche neuen Projekte der »Alte von Bethel« noch zusätzlich in sein Werk aufnehmen möchte.

Bodelschwinghs facettenreiche Persönlichkeit bietet trotz aller Genialität vielerlei Angriffsflächen. Doch seine zweifellos vorhandenen Schattenseiten werden immer wieder durch seinen starken Glauben gemildert, von dem er sich leiten lässt. Er ist nicht nachtragend. Wenn er im Unrecht ist, verharrt er nicht lange darin. Sein Sohn Friedrich, der spätere Anstaltsleiter, schreibt über seinen Vater:

»Die Fülle der verschiedenen Liebeswerke, die in Bethel ihre Heimat gefunden haben, mögen dem Fernstehenden als willkürliche und allzu gewagte Gründungen erscheinen. Wer aber die Entwicklung aus der Nähe beobachtet hat, der weiß, wie alles von innen heraus gewachsen ist als ein Zweig eines Baumes, der wird Vater Recht geben, wenn er immer wieder sagte, er habe hier eigentlich gar nichts gemacht, sondern nur Handlangerdienste tun dürfen bei dem, was Gott habe schaffen wollen.«

Und Friedrich, von seinem Vater nur »Fritz« genannt, eröffnet einen tiefen Blick in dessen Wesen: »Unter seinen Arbeiten stand das Geschäft des Bittens obenan. Weil er all diese tausendfache Not nicht geschäftsmäßig behandelte, sondern im tiefsten Grunde als eigene Not empfand, darum fühlte er sich berechtigt, die Bitten weiterzugeben. Er sah sich nur als Sprachrohr an, durch das das Elend der Welt denen mitgeteilt wurde, die sonst nichts davon wissen würden. Und er war der festen Überzeugung, dass er jedem Menschen, den er um etwas bat, eine Liebe erwiese.«

1882 gründet Bodelschwingh in der Senne die Arbeiterkolonie Wilhelmsdorf, das heutige Eckardtsheim. 1884 wird in Bethel die Zionskirche eingeweiht. 1885 gründet er den Arbeiter-Heimstättenverein mit der Parole: »Mehr Luft, mehr Licht und eine ausreichend große eigene Scholle für den Arbeiterstand!« Nebenbei erfindet er damit die Bausparkasse. Weitere Gründungen sind Freistatt bei Sulingen (1898) und Hoffnungstal-Lobetal bei Berlin (1905), um durch Arbeit und Gemeinschaft der Verelendung von Nichtsesshaften und Alkoholabhängigen zu begegnen.

Die praktische Ausbildung der Theologen liegt ihm ebenfalls sehr am Herzen. 1890 gründet er das

Kandidatenkonvikt und 1905 erreicht er sogar nach längerer Auseinandersetzung mit der Regierung die Eröffnung der Theologischen Schule Bethel.

Der Landtagsabgeordnete

Als die 20. Legislaturperiode des preußischen Abgeordnetenhauses am 16. Januar 1904 beginnt, ist unter den 433 Mitgliedern auch der unabhängige Abgeordnete Pastor von Bodelschwingh. Bodelschwingh will sich nun auch in Berlin dafür einsetzen, dass seine christlichen Grundüberzeugungen nicht nur auf Bethel beschränkt bleiben. Sie sollen auch in die Gesetzgebung einfließen. Überall in Deutschland soll es ein Netzwerk von diakonischen Einrichtungen geben, das nach dem Vorbild von Bethel den vielfältigen Nöten der Menschen begegnet.

Außerdem hält »der Vater« es für richtig, sich allmählich aus seinem Lebenswerk Bethel zurückzuziehen. Die gespannte Lage in Bethel, zu der nicht zuletzt er selbst beigetragen hat, erfordert es. Sein 27-jähriger Sohn Fritz übernimmt am 14. Mai 1904 die inneren und äußeren Amtsgeschäfte Bethels. Und tatsächlich gelingt es ihm, das Vertrauen der Mitarbeiter zu gewinnen und als Gehilfe und »der geduldige Packesel« seines Vaters Bethel vor einem Chaos zu bewahren. Sorgenvoll hält »der Sohn« mit Blick auf seinen Vater fest, »dass er durch Vergesslichkeit und Optimismus die Dinge vielfach anders sieht, als sie sind.« Andererseits ist Fritz »nach vielen Seiten glücklich, dass der Kampf jetzt kommt. Papa kann die Bitterkeit und persönliche Gehässigkeit noch am ehesten tragen. Selbst wenn man ihm teilweise mit Recht jetzt böse ist, werden die Schatten doch leichter durch die alte Liebe gegen ihn überwunden. Müsste später ein anderer die Suppe ausessen, würde dieses Gegengewicht fehlen.«

Dieweil erringt der alte Friedrich von Bodelschwingh in Berlin manchen Achtungserfolg für »die christliche Sache« und besonders für seine »Brüder von der Landstraße«. Seine Reden im Preußischen Landtag tragen seine unverwechselbaren Persönlichkeitsmerkmale. Eine Rede, die er am 5. Mai 1904 hält (auszugsweise abgedruckt im Anhang), beginnt er mit den Worten: »Zunächst muss ich das Hohe Haus doch um Vergebung bitten, dass der Pastor überhaupt hier den Mund auftut.« Das Protokoll vermerkt die Reaktionen des Parlaments: »Oh, oh! Heiterkeit.« Dann hat er die Lacher auf seiner Seite, als er einem Redner der Zentrumspartei bescheinigt: »Nun, Mann, Sie können reden! Ich sagte gleich zu meinem Nachbarn: Wenn ich so predigen könnte … Nein, was war das für eine kräftige Rede, und doch, lieber Herr Kollege, wusste ich, als Sie zu Ende waren, nicht ganz genau, worauf Sie hinauswollten.« Das Protokoll: »Stürmische Heiterkeit.« In diese Rede, in der es um den Ausbau der Schifffahrtsstraßen geht, flicht er seinen Kampf gegen den Branntwein ein. Und der Pastor und Landtagsabgeordnete schließt unter lebhaftem Beifall mit den Worten: »Und wenn wir auf Gott blicken, wird er auch dieser unserer Arbeit seinen Segen gewiss nicht versagen. Amen.«

»Nur nicht zu langsam, sie sterben sonst darüber!«, so feuert noch der greise Vater Bodelschwingh den Missionsinspektor Walter Trittelvitz an. Die Arbeit der »Evangelischen Missionsgesellschaft für Deutsch-Ostafrika« soll vorangetrieben werden. 1906 ist sie – noch auf Veranlassung von Bodelschwinghs – aus Berlin nach Bethel verlegt worden.

Aus seinen einst 25 »Pfleglingen« sind 2000 ständig betreute Epileptiker geworden und 3000 andere ständig betreute Pflegebefohlene: psychisch Kranke, Lungenkranke, Alkoholiker, alte, vereinsamte Frauen und Männer.

Heimgang

Bodelschwingh hat es verstanden, seine vier Kinder in seinem Geiste zu erziehen und seine Mitarbeiter mit seinem Geiste zu erfüllen – trotz aller Spannungen.

Nachdem er am Tag zuvor noch 47 Schwestern zu ihrem Dienst eingesegnet hat, ereilt ihn am 19. April 1909 ein Schlaganfall. Mit halb gelähmter Zunge sagt er zu seinen drei Söhnen, die mit ernsten Gesichtern um sein Bett stehen: »Es schadet nichts, dass ich nicht mehr sprechen kann. Ich bin nicht mehr nötig. Ihr wisst alles. Ihr könnt alles allein machen. Es ist alles geordnet, ich kann ruhig sterben.« Eine halbe Stunde dürfen sie an seinem Bett bleiben, dann sagt er: »So, Jungens, nun geht wieder an eure Arbeit!«

Bereits 1894 hat Friedrich von Bodelschwingh in seinem »Vermächtnis« an die Vorstände über Bethel geschrieben:

»Die Hauptsache bleibt, dass die Anstalten in bisherigem Frieden miteinander zusammenbleiben. Jeder Versuch, dieselben geistlich und leiblich und materiell streng voneinander zu scheiden, wird die schwersten Folgen haben und den Frieden zerreißen. Sehr herzlich möchte ich bitten, dass unserer Anstalt einesteils das Gepräge der Armut und Niedrigkeit, andernteils der weiten Barmherzigkeit bewahrt bleibe. Nie soll das Geld die Königin sein, sondern die Barmherzigkeit. Hierbei wird die Anstalt sich auch materiell am besten stehen. Nicht die festen Kapitalien, sondern der Glaube soll die Sicherheit von Bethel sein und bleiben. Der barmherzige Heiland, der diese Anstalt bisher mit Gnade erhalten hat, wolle alle Zeit mit seinem teuren Wort und Sakrament in derselben wohnen und walten, damit sein Name gepriesen und Elenden geholfen werde.«

Ende März 1910 trifft ihn ein zweiter Schlaganfall. Die Hoffnung, dass er sich wie ein Jahr zuvor wieder erholen würde, erfüllt sich nicht. Er kann nicht mehr sprechen. Mit der rechten Hand zeigt er nach oben. Seine Kinder versammeln sich um sein Sterbebett, die Brüder Wilhelm, Gustav, Friedrich und die Schwester Frieda.

Gegen Mittag des 2. April schlägt er noch einmal die Augen auf, weit und groß, aber er erkennt keinen mehr. Dann schließen sich die Augen und still, ohne Todeskampf, schlummert Bodelschwingh hinüber. Die Glocken der Betheler Zionskirche beginnen zu läuten und dann fallen von allen Bielefelder Türmen die Glocken ein.

Einen Tag später übernimmt sein jüngster Sohn Fritz nach dem Willen des Verstorbenen die Amtsgeschäfte.

Am Mittwoch, dem 5. April, wird Friedrich von Bodelschwingh unter großer Anteilnahme der Bethelbewohner, der Kirche und der Öffentlichkeit auf dem Friedhof neben der Zionskirche zur letzten irdischen Ruhe gebettet. Das Anstaltsgelände muss gegen die Massen, die an dem Begräbnis teilnehmen wollen, polizeilich abgeriegelt werden, um ein Chaos zu vermeiden.

In den Tagen zuvor hat jeder, der ihn noch einmal hat sehen wollen, am offenen Sarg von ihm Abschied nehmen dürfen. Bodelschwingh schläft mit gefalteten Händen, das Gesicht überaus friedvoll. Und sie kommen alle: Hauseltern, Schwestern, Diakone, Pfleger und Anstaltsbeamte, kranke Frauen, Männer und Kinder, Wanderarme.

Und einer, ein Epileptiker, holt aus seiner Tasche etwas hervor: 15 Pfennig. Er blickt zwischen dem Gesicht des Toten und dem Geld in seiner Hand hin und her. Hat Vater Bodelschwingh nicht immer Geld gebraucht für seine Kranken? Ob er ihm nicht auch jetzt noch eine Freude damit machen könnte? Und dann legt er das Geld dem Toten auf die Decke. Es ist die letzte Gabe, die der größte Bettler aller Zeiten bekommt.

Nachwort

Das Leben und Wirken von Friedrich von Bodelschwingh ist ermutigend – bis heute und vielleicht besonders für Menschen, die in einer Krise stecken.

Ich kenne einen Mann, dem es sicher unangenehm wäre, wenn er hier seinen Namen läse. Deshalb will ich ihn auch nicht nennen. Durch die Auswirkungen des Zweiten Weltkriegs war er als junger Mann in eine tiefe Krise geraten. Auch wenn er nicht Soldat werden musste, so hatte er doch seine schlesische Heimat verloren. Irgendwo im Ruhrgebiet fand er sich wieder und musste einen Neuanfang wagen. Durch die Aufklärung der Besatzungsmächte dämmerte ihm, was für Verbrechen während des Nationalsozialismus in Deutschland gegenüber dem jüdischen Volk verübt worden waren. Was ihm bisher Halt gegeben hatte, war zerbrochen und unglaubwürdig geworden. Wofür lohnte es sich jetzt noch, zu leben und zu arbeiten? Da lieh ihm ein Pfarrer ein Buch über Friedrich von Bodelschwingh, den »Vater von Bethel«. Und hier las er von einem Menschen, der bei seinen Mitmenschen Nöte gesehen und im Vertrauen auf Gott versucht hatte, diese Nöte zu beheben. Er begegnete einem Menschen, der kein Idealtyp war, aber glaubwürdig; einem entschlossenen und mutigen Menschen, dem Barmherzigkeit widerfahren war; fromm und aufmerksam, kantig und bescheiden; einem Menschen, der in und für »Bethel« arbeitete, das »Haus Gottes« (vgl. 1. Mose 28,10–22). Dieses Leben faszinierte ihn nicht nur, sondern verlieh ihm neuen Lebensmut. Er ging nach Bethel und wurde Diakon.

Warum wirkt gerade das Leben des Friedrich von Bodelschwingh auf viele ermutigend? Es könnte ja auch erdrückend wirken, nach dem Motto: »Was der alles geschafft hat, schaffe ich nie.«

Bei meiner Beschäftigung mit Bodelschwinghs Lebensbild ist mir aufgefallen, dass er zumindest durch zwei schwere Krisen hindurchmusste. Natürlich fällt einem da sofort das »Hiobserlebnis« ein, als dem 37-Jährigen und seiner Frau innerhalb von zwei Wochen alle vier kleinen Kinder starben. Ich denke aber auch an die Krise, in die er als 23-Jähriger nach dem Tod seines Vaters geriet. Beide Male jedoch suchte und fand Bodelschwingh seine Zuflucht bei Gott. 1854 bedeutete es eine Lebenswende: Er entschloss sich, Theologie zu studieren, um Pastor zu werden. Und auch 1869 zerbrach er nicht am Tod seiner vier Kinder, sondern hielt an Gott fest – auch wenn er ihn nicht verstand. Fünf Jahre später hören wir von ihm, dass er die »Anstalt für Epileptische«, die er in der Zwischenzeit übernommen hatte, »Bethel« nannte – »Haus Gottes«.

Bodelschwingh setzte sich mit allen seinen Fähigkeiten für Menschen ein, die durch ihre gesundheitliche Beeinträchtigung in einer Krise steckten, die teilweise lebenslang andauerte. Und doch war er davon überzeugt, dass auch Menschen mit noch so großen Beeinträchtigungen mit am »Haus Gottes« arbeiten beziehungsweise in ihm leben können, wenn sie die ihnen verbleibenden Fähigkeiten in den Dienst Gottes stellen – so wie er selbst.

Für mich liegt hier das Geheimnis begründet, warum das Leben Friedrich von Bodelschwinghs bis heute so faszinierend ist: Er hat exemplarisch vorgelebt, was der Philosoph Blaise Pascal einmal mit den Worten ausgedrückt hat: »Es ist nicht auszudenken, was Gott aus den Bruchstücken unseres Lebens machen kann, wenn wir sie ihm ganz überlassen.«

Natürlich: Kein Leben gleicht einem anderen. Aber wo Menschen auch in Krisen an Gott festhalten, da entsteht in ihrer Umgebung ein kleines oder größeres »Bethel«, eine Stätte des lebendigen Gottes.

Reinhard Ellsel

Anhang I: Quellentexte

Dankesbrief Friedrich von Bodelschwinghs an den Kronprinzen Friedrich Wilhelm, der am 16. Juli 1883 anlässlich der Grundsteinlegung zum Bau der Zionskirche in Bethel geweilt hatte.
(Aus: Friedrich von Bodelschwingh, Briefwechsel, ausgewählt und herausgegeben von Alfred Adam, Teil 3, Bethel bei Bielefeld 1967, S. 135f., Nr. 45)

Bielefeld, den 17. Juli 1883

Mein teuerster, gnädigster Kronprinz und Herr! Wenigstens einen kurzen Gruß des Dankes und der Freude muss ich Eurer Kaiserlichen Hoheit gleich heute nachsenden, der ich jetzt hier in der vollen Nachlese des gestrigen Freudentages stehe. – Ich darf Eurer Kaiserlichen Hoheit das Zeugnis nicht versagen, dass zehn kurze Stunden wohl selten treuer und fleißiger ausgenutzt sind, auch wohl selten *erfolgreicher, viele Menschen wirklich zu beglücken*, als es Eure Kaiserliche Hoheit gestern getan haben. – Von allen Seiten begegne ich glücklichen Gesichtern, höre ich Erzählungen von erfahrenen Freundlichkeiten seitens Eurer Kaiserlichen Hoheit. – *Kein* Misston ist an mein Ohr gedrungen, alles Dank und Freude; und was Gott geschickt: der schwere Regenguss in der feierlichsten Stunde, muss ganz gewiss auch nur Gutes bringen. – Meine selige Mutter hat uns Kinder von Jugend auf gelehrt, dass wir, wenn Gott etwas *Widriges* sandte, nur immer darauf achten sollten, was er Gutes damit vorhabe, und sie zeigte uns an vielen Beispielen, wie bald dies ans Licht gekommen. So kann ich jetzt schon *aufrichtig* sagen, dass uns der schönste Sonnenschein bei weitem nicht das hätte einbringen können, was uns der Regenguss gebracht hat. – Dass Eure Kaiserliche Hoheit sich für uns arme Leute *so still* und *geduldig* hat nass regnen lassen und nicht im Geringsten die Ruhe und Geduld verlor, sondern sorgte, dass alles fein säuberlich und ordentlich zuging, wird Eurer Kaiserlichen Hoheit hier *nie vergessen* werden. – Auch ich hastiger Mensch habe dabei viel gelernt – und danke für diese Lektion auf das Herzlichste. –

Kurz, es war der gestrige Tag ein Segens- und ein Freudentag, dessen Wirkung nicht nur in die *Zeit*, sondern in die *Ewigkeit* reichen wird. – Besonders dankt meine Frau und meine kleine Schar für *viele* Liebe und Huld durch Eurer Kaiserlichen Hoheit tief beschämten und sehr fröhlichen Diener F. v. Bodelschwingh.

*

Einliegende Lieder haben unsere Kleinen gestern gesungen im großen Saal. – Ein Epileptischer bringt sie mir für Eure Kaiserliche Hoheit.

Antwortbrief Friedrich von Bodelschwinghs an Peter Petersen, einen Kranken, der in Bethel gelebt hatte und wieder nach Hause entlassen worden war.
(Aus: wie Quellentext 1, Teil 2, 1966, S. 127, Nr. 42)

August 1883

Mein lieber Peter! Es freut mich, dass Du einen Brief an mich geschickt hast, und nun sollst Du auch Antwort haben. Viel kann ich freilich nicht schreiben, aber Deine Nachrichten haben mich doch erfreut. So senden wir Dir das Rezept, und wenn Du Medizin nötig hast, so kann Dein Vater sich hierher wenden.

Es ist schön, dass Du bei uns gewesen bist und die Anstalt nicht verachtest. Du hast viel Gutes bei uns genossen. Damit Du uns nicht ganz vergisst, schicke ich Dir einige Blättchen und Bildchen, welche Du lesen kannst.

Du hast Recht, wenn Du sagst: Wenn man sich vor Gott demütigt, so gibt er uns Gnade. So bleibe nur dabei, dann wirst Du wenn auch nicht gesund werden, so doch ein sehr zufriedenes Herz bekommen. Denn unser Friede liegt nicht in unserer Gesundheit, sondern in der Gnade unseres Gottes. Du hast auch Recht, wenn Du fleißig betest, denn Du kannst Dich freuen, dass Du einen Vater im

Himmel hast, der Deine Wege regiert, und dass es sein Wille gewesen ist, dass Du einige Zeit bei uns zugebracht. Gott segne Dich und erhalte Dich in seiner Gnade fernerhin.

In Mamre [Ackerhof, 1880 von Friedrich von Bodelschwingh für arbeitsfähige epileptische Männer erworben] geht es immer noch in der Weise weiter, wie Du es hier kennen gelernt. Der Kronprinz ist neulich bei uns gewesen und hat uns sehr erfreut. Im Walde hat er den Grundstein zu unserer neuen Kirche gelegt, welche hoffentlich über ein Jahr eingeweiht werden soll.

Gott grüße Dich und behalte Dich in seinem Schutz! Mit herzlichem Gruß Dein treuer Pastor [FB].

Rede des Abgeordneten Friedrich von Bodelschwingh im Preußischen Landtag am 5. Mai 1904
(Aus: Kurt Pergande, Bodelschwingh – der Einsame von Bethel, 3. Auflage, Hamburg 1971, S. 275–286, hier S. 275f., 285f.)

Zunächst muss ich das Hohe Haus doch um Vergebung bitten, dass der Pastor überhaupt hier den Mund auftut. (Oh, oh! Heiterkeit.)

– Ja, Sie werden sagen: Schuster, bleib bei deinem Leisten! Das will ich auch ernstlich tun; wenn ich es nicht täte, müssten Sie (zum Präsidenten) es mir sagen. (Heiterkeit.)

Ich will auch noch ein Zweites gleich vorausschicken. Ich bin mit parlamentarischen Künsten nicht ausgerüstet und schlage wohl vielleicht eine Tonart an, die nicht in solch ein Parlament hineingehört. Und daran bin ich ja auch in etwas unschuldig: Ich bin nun bald 74 Jahre alt und habe solche Künste nie getrieben.

Als ich am 12. Januar herkam, da sah ich zu meinem Erstaunen, dass ich ein Wilder bin; das wusste ich gar nicht. Ich wusste überhaupt gar nicht, dass wilde Leute hier wären. (Große Heiterkeit.)

Also darum müssen Sie mich entschuldigen. Wenn das Bächlein meiner Rede ein bisschen wild Wasser über sein Flussbett spült, wenn dies geschehen sollte, bitte ich wiederum (zum Präsidenten) um freundliche Erinnerung. (Große Heiterkeit.)

[...]

Nicht viele Redner habe ich verstanden. Aber ihr Männer des Zentrums habt ja einen ganz gewaltigen Redner vorgeschickt; den konnte ich gut verstehen. – Ist er noch hier? (Zurufe: Ja! Große Heiterkeit.) Nun, Mann, Sie können reden! Ich sagte gleich zu meinem Nachbarn: Wenn ich so predigen könnte, wie dieser reden kann! Es war wirklich so klar, so tüchtig, so gründlich, so vorgearbeitet bis in alle Einzelheiten hinein. Nein, was war das für eine kräftige Rede, und doch, lieber Herr Kollege, wusste ich, als Sie zu Ende waren, nicht ganz genau, worauf Sie hinauswollten. (Stürmische Heiterkeit.)

[...]

Ich schließe, indem ich meine Bitten vortrage. Sie sind folgendermaßen kurz zusammengefasst. Meine drei Bitten lauten: erstens, das Hohe Haus wolle – zur rechten Stunde, also etwa bei der zweiten oder dritten Lesung – von dem Staatsministerium bestimmte Garantien fordern, dass bei dem Bau von Talsperren und Kanälen dem Alkohol nach Möglichkeit die Tür zugeschlossen wird (bravo); zweitens, das Hohe Haus beantragt beim Staatsministerium, durch den Herrn Reichskanzler beim Reichstage eine Novelle zum Gewerbegesetze einzubringen, wonach *neuen Fabriken*, die nach dem Urteil – da bin ich noch im Unklaren: nach dem Urteil des nächsten Gewerbegerichts? Handelskammer? und so weiter – kein dringendes Bedürfnis haben, sich in einer Stadt anzusiedeln, die Konzession versagt werden muss, falls sie nicht jedem selbstständigen Familienvater die Möglichkeit gewähren, sich ein eigenes Heim auf eigener Scholle, und zwar nicht unter *einem halben Morgen* groß, zu beschaffen. Der *halbe Morgen* ist besonders wichtig. Zum *Dritten* erbitte ich – ich habe darüber noch nicht weiter sprechen können – eine Revision des Ansiedlungs- und Koloniegesetzes, sodass Landgemeinden weder durch Fabrikarbeiter erdrückt werden noch auch neue Ansiedlungen durch übermäßige Forderungen verhindern können. (Sehr richtig!) Nun, meine Herren, ich schließe und bitte herzlich: Lassen Sie uns alle miteinander recht einmütig in unser Kanalschifflein einsteigen. (Heiterkeit.) Alle Fraktionen, auch ihr lieben Männer der Konservativen Partei, bitte ich: Kommt auch mit! (Heiterkeit.) Es wäre mir eine herzliche Freude, wenn ihr auch mitkommt. Und die Herren Minister steigen doch auch mit ein? (Heiterkeit.) Ich blicke bei der ganzen Sache vor allem auf das Wohl von Menschenseelen, weil ich gewiss bin, dass durch das Gelingen derselben das christliche Familienleben in vielen glücklichen kleinen Häusern, auch Kirche und Schule wieder grünen und blühen kann. Und wenn wir auf Gott blicken, wird er auch dieser unserer Arbeit seinen Segen gewiss nicht versagen. Amen. (Lebhafter Beifall.)

Anhang II: Zeittafel

1831 6.3. Friedrich Christian Carl von Bodelschwingh wird auf Haus Mark in Tecklenburg geboren (als sechstes Kind). Vater: Ernst von Bodelschwingh, Landrat; Mutter: Charlotte, geb. von Diest.

1834 Ernst von Bodelschwingh wird Oberpräsident der preußischen Rheinprovinz mit Sitz in Koblenz.

1842 Ernst von Bodelschwingh wird von König Friedrich Wilhelm IV. als preußischer Finanzminister nach Berlin berufen.

1843 Friedrich wird zum Spielgefährten und Jugendfreund des Kronprinzen Friedrich Wilhelm, des späteren Kaisers Friedrich III.

1844 Ernst von Bodelschwingh wird Kabinettsminister und 1845 zusätzlich Innenminister.

1848 März-Revolution in Berlin. Ernst von Bodelschwingh tritt als Minister zurück. Die Familie siedelt nach Velmede über. Friedrich besucht das Gymnasium in Dortmund.

1849 Abitur in Dortmund. Friedrich hospitiert im Bergwerk. Landwirtschaftlicher Eleve auf der Staatsdomäne Kienitz im Oderbruch.

1851 Militärzeit, schwere Erkrankung, vorzeitige Entlassung als »Halbinvalide«.

1852 Verwalter auf Gut Gramenz in Pommern.
1854 Tod des Vaters. Entschluss, Theologie zu studieren. Übersiedlung nach Basel, Kontakte zur Basler Mission.
1856 Studium in Erlangen. Kontakte mit Wilhelm Löhe in Neuendettelsau und Johann Christoph Blumhardt in Bad Boll. Fortsetzung des Studiums in Berlin.
1857 Besuch in Wandsbeck (Matthias-Claudius-Stätte) und in Hamburg bei Johann Hinrich Wichern im »Rauhen Haus«.
1858 4.4. Theologie-Abschlussexamen in Münster.
29.8. Ordination zum Pastor der Evangelischen Gemeinde Augsburger Konfession in Paris.
7.12. Umzug zum »Grünen Hügel« in La Villette in Paris.
1859 Erweiterung der Gebäude auf dem »Grünen Hügel«.
1860 10.12. Einweihung einer Schule und Kapelle im Vorort Batignolles.
1861 18.4. Hochzeit mit seiner Cousine Ida von Bodelschwingh (15.4.1835–5.12.1894), Tochter des preußischen Finanzministers Carl von Bodelschwingh. Hochzeitsreise ins Ravensberger Land.
1863 7.2. Geburt des ersten Kindes und Erkrankung seiner Frau, die eine Rückkehr nach Deutschland erfordert.

1864 1.5. Amtsantritt als Gemeindepfarrer in Dellwig an der Ruhr.

1865 Herausgabe des Wochenblatts »Westfälischer Hausfreund«.

1866 Feldprediger bei der preußischen Mainarmee im Krieg gegen Österreich.

1869 12.–25.1. Seine vier Kinder Friedrich, Elisabeth, Karl und Ernst sterben während einer »Stickhusten-Epidemie«.

1870 Feldprediger beim VII. Armeecorps im Krieg gegen Frankreich.

1871 Angebot aus Bielefeld, die Leitung der 1867 gegründeten »Anstalt für Epileptische« und des entstehenden Diakonissenhauses zu übernehmen.

1872 5.2. Grundlegender Beschluss, die Anstalt für Epilepsiekranke und das Diakonissenhaus räumlich zusammenzulegen.
25.2. Einführung in sein neues Amt.

1873 Schlüsselübergabe des ersten Neubaus »Haus Bethel« (noch vor Bodelschwinghs Zeit geplant).

1874 Beschluss, die Anstalt für Epilepsiekranke »Bethel« (Haus Gottes) zu nennen.

1875 Fertigstellung des Diakonissenmutterhauses Sarepta.

1877 Gründung der Diakonen-Brüderschaft Zoar, aus der die Diakonenanstalt Nazareth erwächst.

In rascher Folge entstehen die Pflegehäuser Bethlehem, Karmel, Bethabara, Siloah. Zahlreiche Handwerksbetriebe werden gegründet, dazu eine Ziegelei und landwirtschaftliche Betriebe. Alljährlich werden zum Jahresfest ein oder zwei Neubauten ihrer Bestimmung übergeben.

1882 16.3. Gründung der Arbeiterkolonie Wilhelmsdorf, aus der die Teilanstalt Eckardtsheim entsteht.

1884 28.11. Einweihung der Zionskirche.

1885 Gründung des Arbeiter-Heimstättenvereins (erste Bausparkasse).

1886 Bethel erhält eine Telefoneinrichtung.

1888 Kaiser Friedrich III. stirbt an Krebs. Bodelschwingh bemüht sich vergeblich, ihm seelsorgerlich beizustehen.

1890 Briefmarkenstelle und Brockensammlung werden gegründet. Gründung der Seehospize auf der Insel Amrum. Erste Entsendung von Betheldiakonen in die Mission.

1.11. Eröffnung des Kandidatenkonvikts: praktisch-theologische Ausbildung für Vikare.

1895 5.12. Tod seiner Frau Ida.

Erster »Bote von Bethel« erscheint, der vierteljährlich den Freundeskreis informiert.

1897 18.6. Das Kaiserpaar besucht Bethel.

1898 Erste »Theologische Woche« in Bethel. Gründung der Zweiganstalt Freistatt im Wietingsmoor.

1899 Schwere Erkrankung Bodelschwinghs.
1903 12.11. Wahl als unabhängiger Abgeordneter in den Preußischen Landtag.
1904 5.5. Viel beachtete Rede Bodelschwinghs im Abgeordnetenhaus.
Sein jüngster Sohn Friedrich (»Pastor Fritz«) wird Gehilfe seines Vaters.
1905 Beginn der Teilanstalt Lobetal mit der Arbeiterkolonie Hoffnungstal.
15.10. Eröffnung der Theologischen Schule Bethel.
1906 Bau des Missionshauses für die schrittweise von Berlin nach Bethel übernommene Deutsch-Ostafrika-Mission.
1908 Gründung der Frauenkolonie Gottesschutz östlich von Berlin.
1909 19.4. Bodelschwingh erleidet einen Schlaganfall.
1910 2.4. Friedrich von Bodelschwingh stirbt in Bethel.
Sein jüngster Sohn Fritz wird sein Nachfolger.
5.4. Beisetzung auf dem Betheler Friedhof.

Anhang III: Literaturhinweise

Friedrich VON BODELSCHWINGH, Ausgewählte Schriften, herausgegeben von Alfred ADAM, 2 Bde., unveränd. Nachdruck, Bethel bei Bielefeld 1980.

Friedrich VON BODELSCHWINGH, Briefwechsel, ausgewählt und herausgegeben von Alfred ADAM, 12 Teile, Bethel bei Bielefeld 1966–1974.

Alex FUNKE, Friedrich von Bodelschwingh der »Vater«, Hamburg und Freiburg/Schweiz 1980.

Martin GERHARDT / Alfred ADAM, Friedrich von Bodelschwingh. Ein Lebensbild aus der deutschen Kirchengeschichte, 2 Bde., Bielefeld-Bethel 1986.

Bernhard GRAMLICH, Friedrich von Bodelschwingh. Werk und Leben, Stuttgart 1981.

Manfred HELLMANN, »Es geht kein Mensch über die Erde, den Gott nicht liebt«. Friedrich von Bodelschwingh d. Ä., Wuppertal und Zürich 1993.

Jochen-Christoph KAISER, Bodelschwingh, 1. Friedrich v., in: Religion in Geschichte und Gegenwart. Handwörterbuch für Theologie und Religionswissenschaft, 4., völlig neu bearbeitete Aufl., herausgegeben von Hans Dieter BETZ (u. a.), Bd. 1, Tübingen 1998, Sp. 1658–1660.

Hartmut LEHMANN, Friedrich von Bodelschwingh, in: Gestalten der Kirchengeschichte, herausgegeben von Martin GRESCHAT, Bd. 9,2: Die neueste Zeit II, 2. Aufl., Stuttgart/Berlin/Köln 1994, S. 244–260.

Kurt PERGANDE, Bodelschwingh – der Einsame von Bethel, 3. Aufl., Hamburg 1971.

Informationen zu den von Bodelschwinghschen Anstalten finden sich auch unter:
www.bethel.de